Impressum
Verlag: BABADADA GmbH, Nedderfeld 112 , 22529 Hamburg
Geschäftsführer / Verlagsleitung: Harald Hof
Druck: Books on Demand GmbH, In de Tarpen 42, 22848 Norderstedt

Imprint
Publisher: BABADADA GmbH, Nedderfeld 112 , 22529 Hamburg, Germany
Managing Director / Publishing direction: Harald Hof
Print: Books on Demand GmbH, In de Tarpen 42, 22848 Norderstedt

школа

shule

классная комната
sajili

делить
kugawanya

доска
ubao

школьный двор
eneo la shule

учитель
mwalimu

бумага
karatasi

писать
kuandika

ручка
kalamu

письменный стол
dawati

линейка
rula

книга
kitabu

ученик
mwanafunzi

ранец

mkoba

пенал

kikasha cha penseli

карандаш

penseli

точилка

kichonga penseli

ластик

mpira

альбом для рисования

pedi ya kuchora

рисунок

uchoraji

кисточка

brashi ya rangi

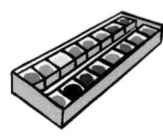

коробка красок

sanduku la rangi

ножницы

mkasi

клей

gundi

тетрадь

daftari

домашняя работа

kazi ya nyumbani

цифра

nambari

прибавлять

jumlisha

вычитать

ondoa

умножать

zidisha

считать

kokotoa

буква

barua

алфавит

alfabeti

слово

neno

текст

maandishi

читать

kusoma

мел

chaki

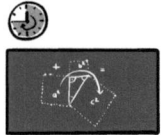

урок

somo

классный журнал

sajili

экзамен

uchunguzi

диплом

cheti

школьная форма

sare za shule

образование

elimu

энциклопедия

elezo

университет

chuo kikuu

микроскоп

darubini

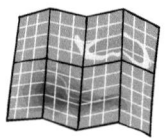

карта

ramani

корзина для бумаг

kikapu cha kuweka karatasi chafu

путешествие

usafiri

гостиница
hoteli
турбаза
hosteli
ROOMS
EXCHANGE
пункт обмена валюты
ofisi ya ubadilishanaji
чемодан
sanduku
автомобиль
gari

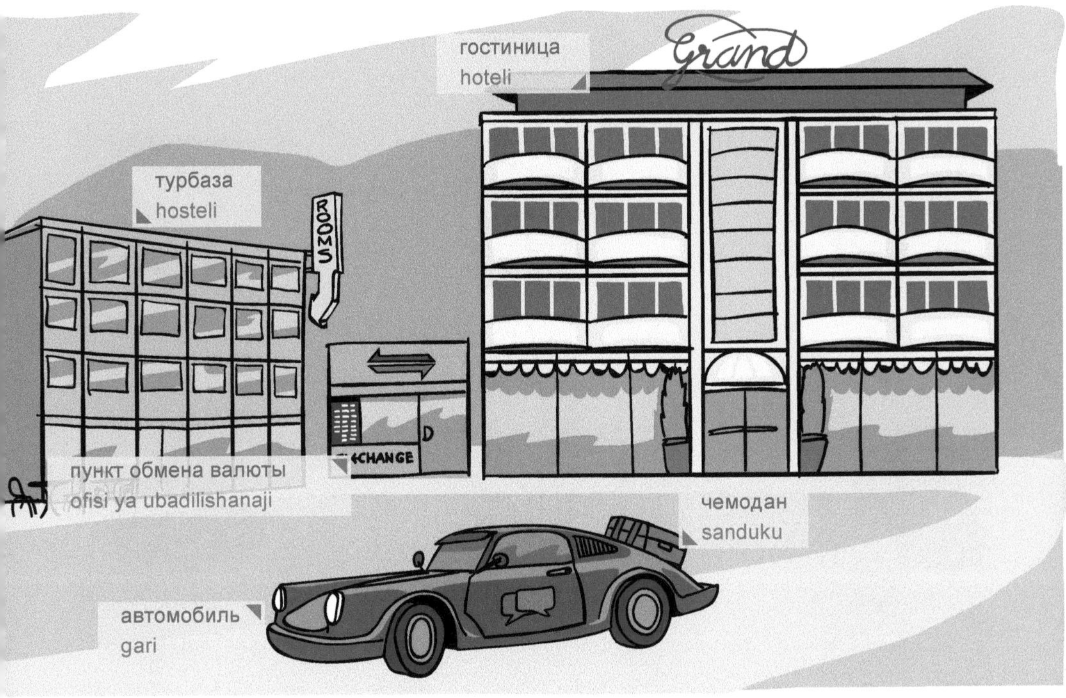

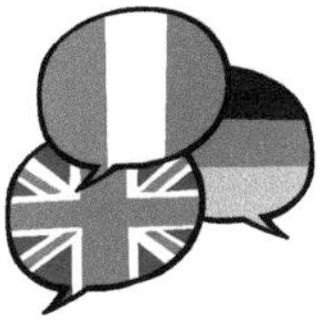

язык

lugha

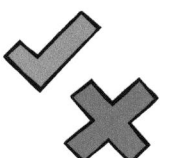

да / нет

ndiyo / la

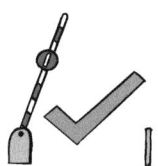

хорошо

sawa

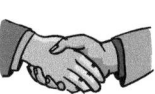

Привет

hujambo

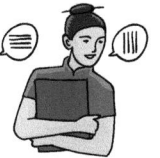

переводчик

mtafsiri

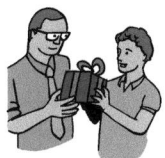

Спасибо

Asante

Сколько стоит...?

kiasi gani ni ...?

Я не понимаю

Sielewi

проблема

tatizo

Добрый вечер!

Jioni njema!

Доброе утро!

Habari za asubuhi!

Доброй ночи!

Usiku mwema!

До свидания

kwa heri

направление

mwelekeo

багаж

mizigo

сумка

mfuko

рюкзак

shanta

гость

mgeni

комната

chumba

спальный мешок

begi la kulalia

палатка

hema

туристическая
информация
taarifa ya utalii

пляж
ufuo

кредитная карточка
kadi

завтрак
kifunguakinywa

обед
chakula cha mchana

ужин
chakula cha jioni

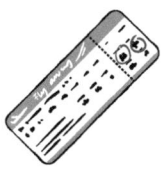

билет
tiketi

лифт
kuinua

почтовая марка
muhuri

граница
mpaka

таможня
mila

посольство
ubalozi

виза
visa

паспорт
pasipoti

транспорт

usafiri

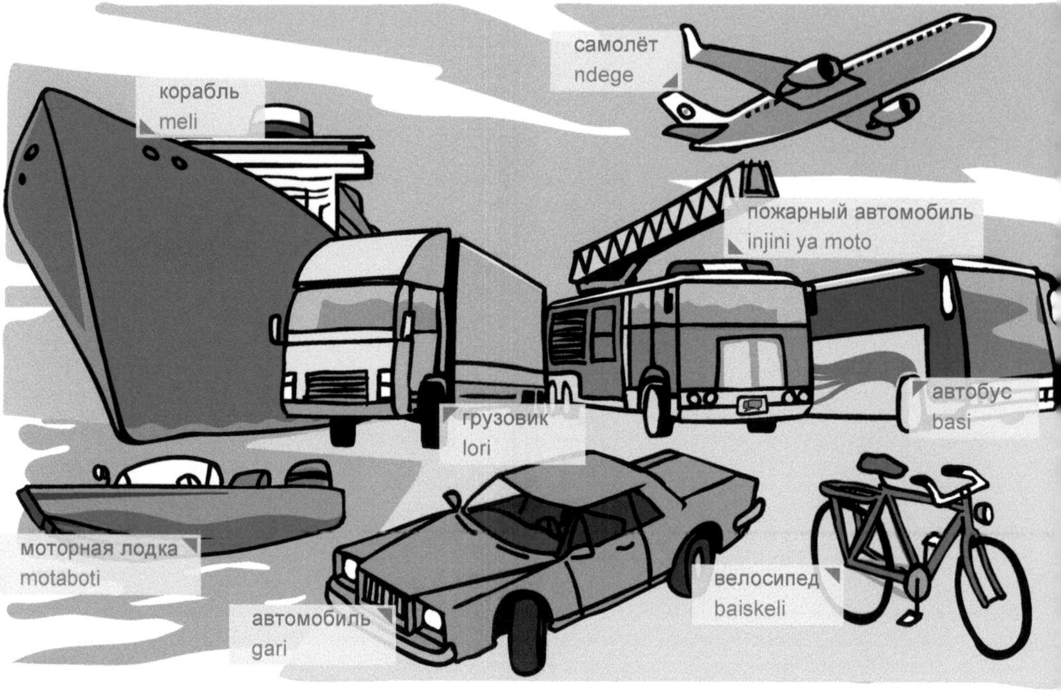

самолёт
ndege
корабль
meli
пожарный автомобиль
injini ya moto
грузовик
lori
автобус
basi
моторная лодка
motaboti
велосипед
baiskeli
автомобиль
gari

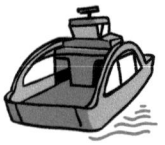

паром

feri

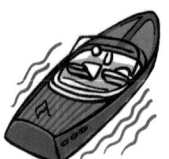

лодка

mashua

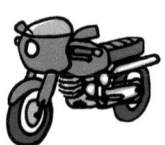

мотоцикл

pikipiki

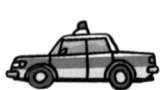

полицейский автомобиль

gari la polisi

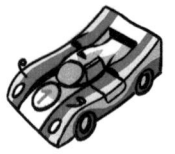

гоночный автомобиль

gari la mashindano

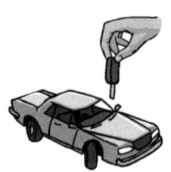

арендованный автомобиль

gari la kukodisha

совместное пользование
автомобилями

kushiriki gari

буксировочный
автомобиль
lori la kuvuta

мусоровоз

ukusanyaji taka

двигатель

motor

топливо

mafuta

заправка

kituo cha mafuta

дорожный знак

ishara trafiki

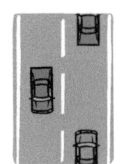

движение

trafiki

пробка

msongamano

автостоянка

maegesho

вокзал

kituo cha treni

рельсы

reli

поезд

garimoshi

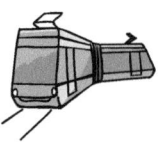

трамвай

tremu

вагон

gari la mizigo

вертолёт

helikopta

аэропорт

uwanja wa ndege

вышка

mnara

пассажир

abiria

контейнер

chombo

коробка

katoni

тележка

mkokoteni

корзина

kikapu

взлетать / приземляться

ondoka

город

jiji

деревня

kijiji

центр города

katikati ya jiji

дом

nyumba

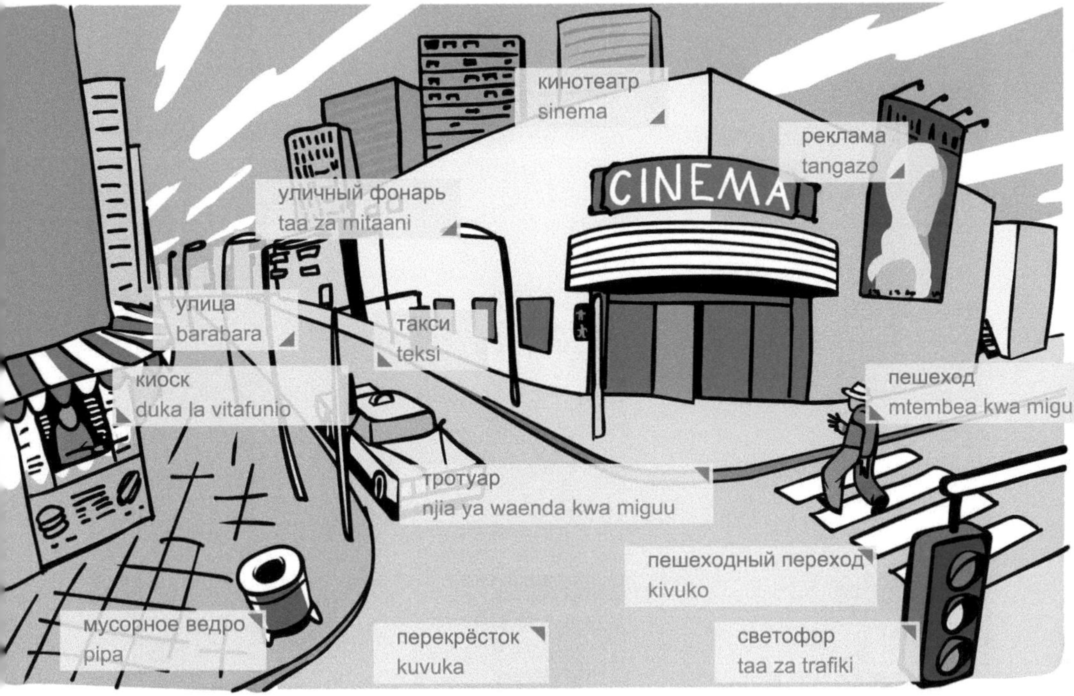

кинотеатр
sinema

реклама
tangazo

уличный фонарь
taa za mitaani

CINEMA

улица
barabara

такси
teksi

киоск
duka la vitafunio

пешеход
mtembea kwa migu

тротуар
njia ya waenda kwa miguu

пешеходный переход
kivuko

мусорное ведро
pipa

перекрёсток
kuvuka

светофор
taa za trafiki

хижина

kibanda

квартира

gorofa

вокзал

kituo cha treni

ратуша

ukumbi wa mji

музей

Makavazi

школа

shule

университет

chuo kikuu

банк

benki

больница

hospitali

гостиница

hoteli

аптека

duka la dawa

офис

ofisi

книжный магазин

duka la kitabu

магазин

duka

цветочный магазин

duka la maua

супермаркет

dukakuu

рынок

soko

универмаг

idara ya kuhifadhi

торговец рыбой

mwuza samaki

торговый центр

kituo cha ununuzi

порт

bandari

парк

Hifadhi

скамейка

benki

мост

daraja

лестница

vidato

метро

chini ya ardhi

тоннель

handaki

автобусная остановка

kituo cha mabasi

бар

bar

ресторан

mgahawa

почтовый ящик

sanduku la posta

табличка с названием
улицы

ishara ya barabara

паркометр

mita ya maegesho

зоопарк

bustani ya wanyama

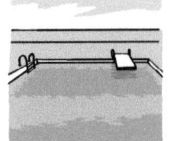

бассейн

kidimbwi cha kuogelea

мечеть

msikiti

ферма

shamba

загрязнение окружающей среды

uchafuzi

кладбище

makaburini

церковь

kanisa

детская площадка

uwanja wa michezo

храм

hekalu

ландшафт

mazingira

лист
jani

дорожный указатель
ishara ya mwelekeo

дорога
njia

луг
malisho

камень
jiwe

путешественник
mtembeaji wa masafa

дерево
mti

река
mto

трава
nyasi

цветок
ua

долина

bonde

гора

kilima

озеро

ziwa

лес

msitu

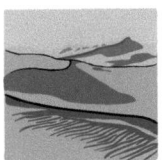

пустыня

jangwa

вулкан

volkano

замок

ngome

радуга

upinde wa mvua

гриб

uyoga

пальма

mtende

комар

mbu

муха

kuruka

муравей

chungu

пчела

nyuki

паук

buibui

жук

mende

лягушка

chura

белка

kuchakuro

еж

nungunungu

заяц

sungura

сова

bundi

птица

ndege

лебедь

swan

кабан

nguruwe mwitu

олень

kulungu

лось

aina ya kongoni

плотина

bwawa

ветряной генератор

tabo ya upepo

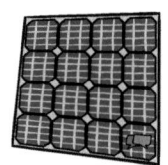

солнечная батарея

nishaji ya jua

климат

hali ya hewa

ресторан
mgahawa

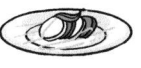

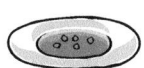

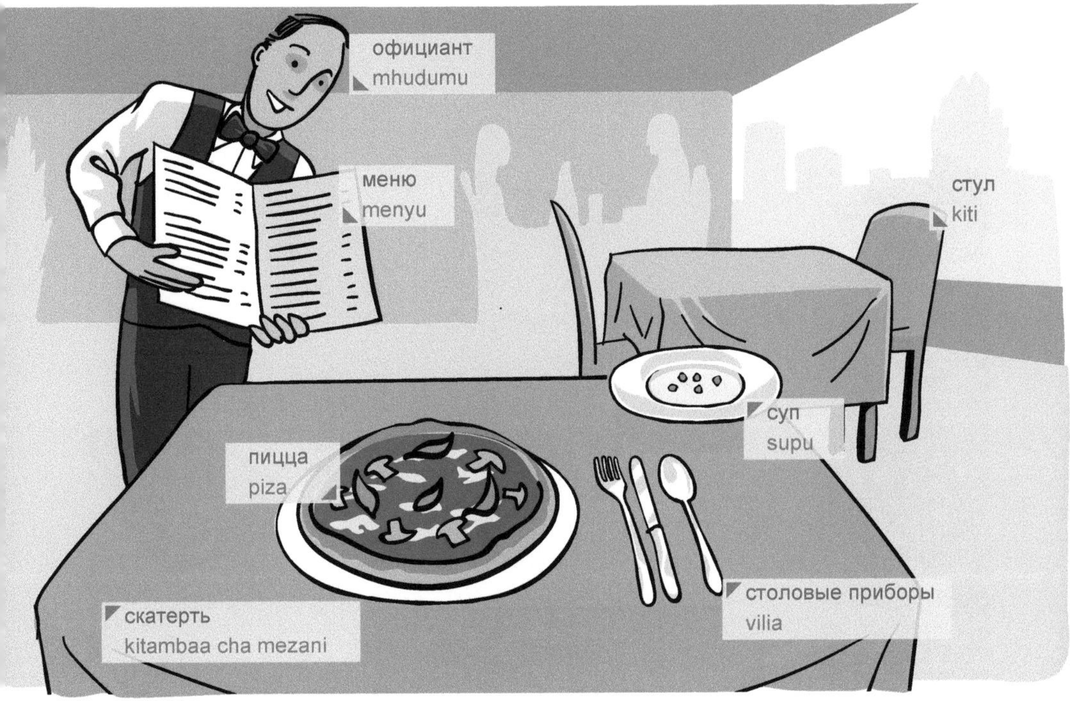
официант
mhudumu
меню
menyu
стул
kiti
суп
supu
пицца
piza
столовые приборы
vilia
скатерть
kitambaa cha mezani

закуска

kiamsha hamu

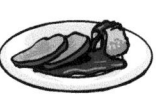

главное блюдо

kozi kuu

десерт

kitindamlo

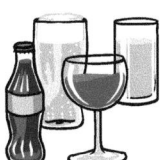

напитки

vinywaji

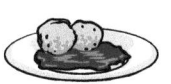

еда

chakula

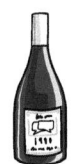

бутылка

chupa

фастфуд

chakula cha haraka

уличная еда

Streetfood

чайник

buli

сахарница

kisanduku cha sukari

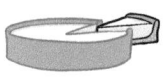

порция

sehemu

кофеварка

mashine ya espresso

детский стульчик

kiti kirefu

счет

muswada

поднос

trei

нож

kisu

вилка

uma

ложка

kijiko

чайная ложка

kijiko cha chai

салфетка

nepi

стакан

glasi

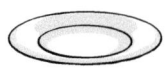

тарелка

sahani

суповая тарелка

sahani ya supu

блюдце

sufuria

соус

mchuzi

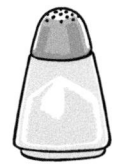

солонка

kichanyaji chumvi

мельница для перца

kinu cha pilipili

уксус

siki

масло

mafuta

специи

viungo

кетчуп

kechapu

горчица

haradali

майонез

kachumbari nzito

супермаркет

dukakuu

специальное предложение
ofa maalum
FOR
покупатель
mteja
молочные продукты
maziwa
фрукты
matunda
тележка для покупок
toroli

BUTCHERS

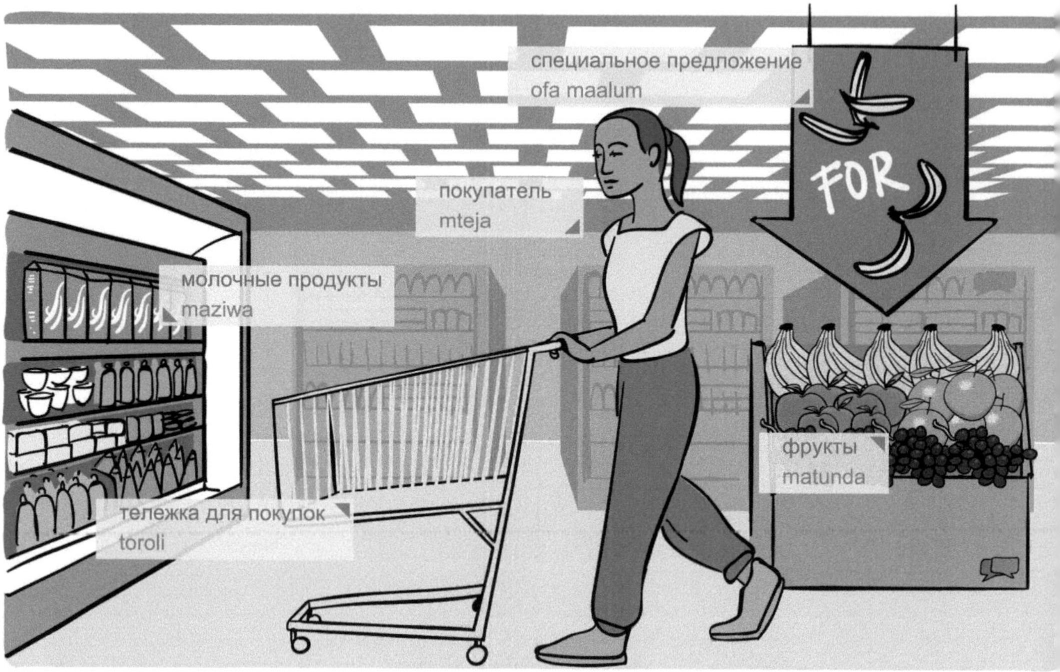

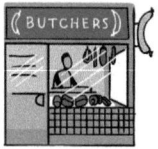

мясной магазин

mchinjaji

BAKERY

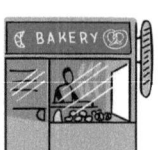

пекарня

mwokaji

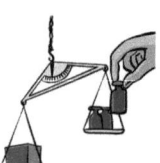

взвешивать

uzito

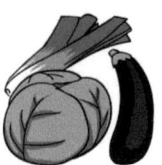

овощи

mboga

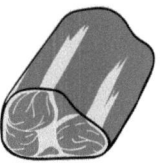

мясо

nyama

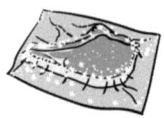

быстрозамороженные продукты

chakula waliohifadhiwa

нарезка

vipande vya nyama baridi

консервы

chakula cha kopo

стиральный порошок

sabuni ya unga

сладости

pipi

предмет домашнего
обихода
bidhaa za kaya

моющее средство

bidhaa za kusafisha

продавщица

mtu mauzo

касса

mpaka

кассир

keshia

список покупок

orodha ya manunuzi

время работы

masaa ya ufunguzi

бумажник

mkoba

кредитная карточка

kadi

сумка

mfuko

полиэтиленовый пакет

mfuko wa plastiki

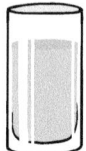

вода

maji

сок

sharubati

молоко

maziwa

кока-кола

coke

вино

mvinyo

пиво

bia

алкоголь

pombe

какао

kakao

чай

chai

кофе

kahawa

эспрессо

spreso

капучино

kapuchino

банан

ndizi

яблоко

tufaha

апельсин

machungwa

арбуз

tikiti

лимон

lemon

морковь

karoti

чеснок

kitunguu saumu

бамбук

mianzi

лук

kitunguu

гриб

uyoga

орехи

karanga

лапша

nudo

спагетти

spageti

рис

mpunga

салат

saladi

картофель фри

vibanzi

жареный картофель

viazi vya kukaanga

пицца

piza

гамбургер

hambaga

сэндвич

sandwichi

шницель

kipande

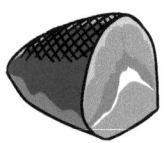

ветчина

paja la mnyama

салями

salami

колбаса

soseji

курица

kuku

жаркое

choma

рыба

samaki

овсяные хлопья

oats ya uji

мюсли

muesli

кукурузные хлопья

cornflakes

мука

unga

круассан

kroisanti

булочка

andazi

хлеб

mkate

тост

mkate wa kubanika

печенье

biskuti

масло

siagi

творог

maziwa mgando

пирог

keki

яйцо

yai

яичница

yai kukaanga

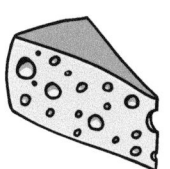

сыр

jibini

мороженое

aiskrimu

сахар

sukari

мёд

asali

мармелад

jemu

крем с нугой

kuenea kwa chokoleti

карри

mchuzi wa viungo

ферма
shamba

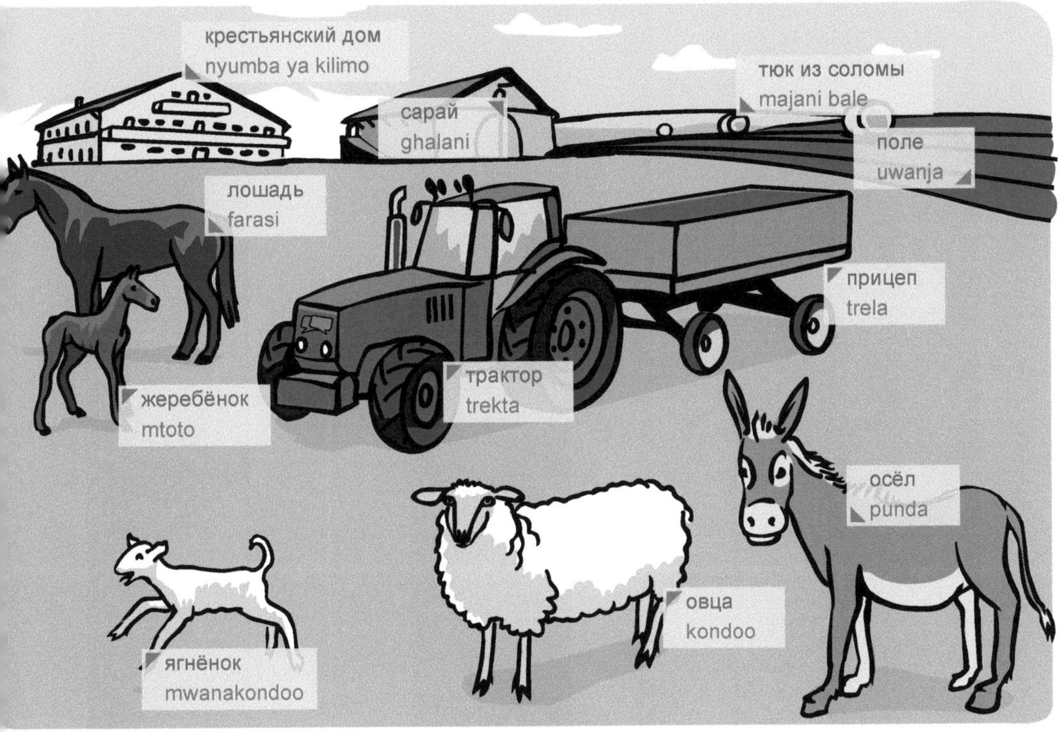

крестьянский дом
nyumba ya kilimo
тюк из соломы
majani bale
сарай
ghalani
поле
uwanja
лошадь
farasi
прицеп
trela
трактор
trekta
жеребёнок
mtoto
осёл
punda
овца
kondoo
ягнёнок
mwanakondoo

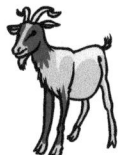

коза

mbuzi

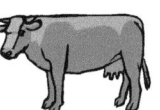

корова

ng'ombe

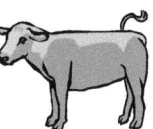

телёнок

ndama

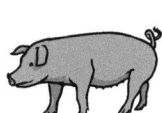

свинья

nguruwe

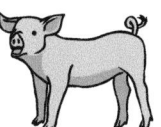

поросёнок

mwananguruwe

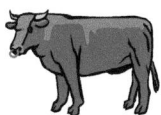

бык

fahali

гусь

batabukini

утка

bata

цыплёнок

kifaranga

курица

kuku

петух

jogoo

крыса

panya

кошка

paka

мышь

panya

вол

ng'ombe

собака

mbwa

конура

nyumba ya mbwa

садовый шланг

bomba la bustani

лейка

debe la kumwagilia maji

коса

fyekeo

плуг

kulima

серп

mundu

мотыга

jembe

навозные вилы

uma wa nyasi

топор

shoka

тачка

toroli

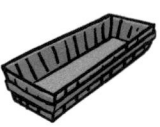

корыто

kupitia nyimbo

бидон для молока

chombo cha maziwa

мешок

gunia

забор

ua

хлев

imara

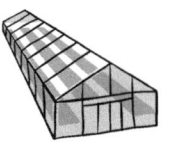

теплица

chafu

почва

udongo

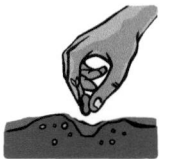

посев

mbegu

удобрение

mbolea

комбайн

kivunaji

собирать урожай

mavuno

урожай

mavuno

ямс

viazi vikuu

пшеница

ngano

соя

soya

картофель

viazi

кукуруза

mahindi

рапс

rapa

фруктовое дерево

mti wa matunda

маниок

muhogo

злаки

nafaka

дом

nyumba

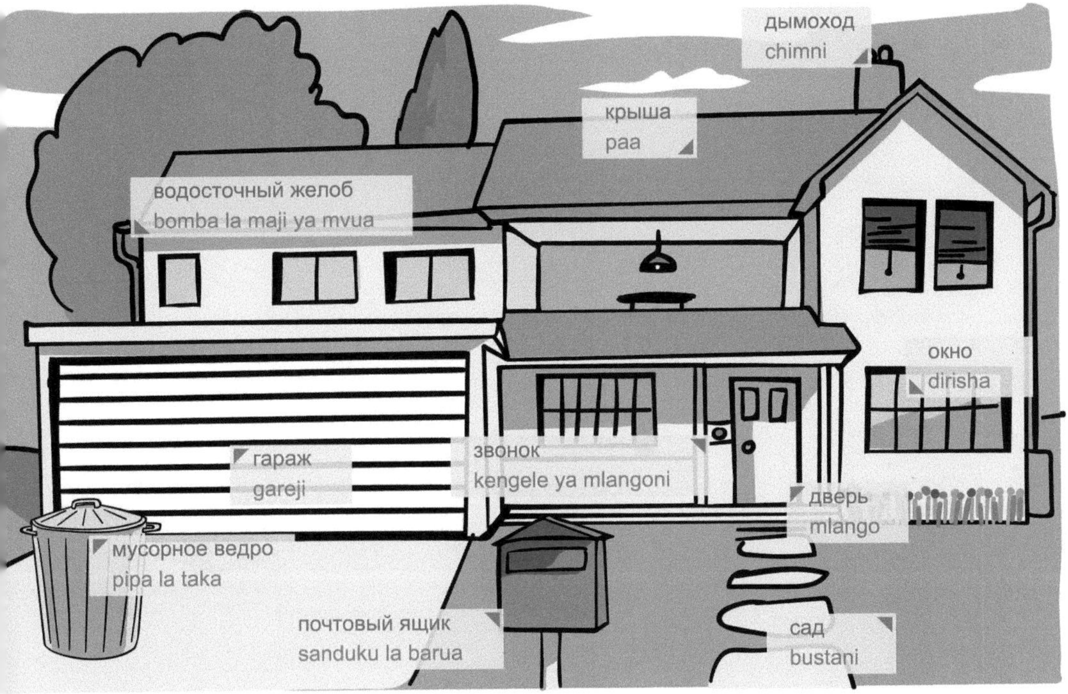
дымоход
chimni
крыша
paa
водосточный желоб
bomba la maji ya mvua
окно
dirisha
гараж
gareji
звонок
kengele ya mlangoni
дверь
mlango
мусорное ведро
pipa la taka
почтовый ящик
sanduku la barua
сад
bustani

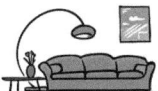

гостиная

sebuleni

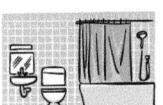

ванная комната

bafu

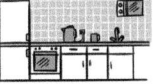

кухня

jikoni

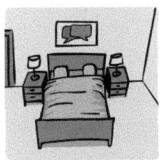

спальня

chumba cha kulala

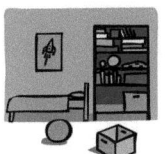

детская комната

chumba ya mtoto

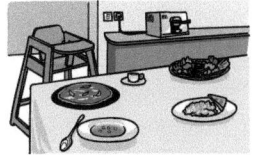

столовая

chumba cha kulia

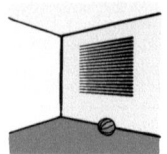

пол

sakafu

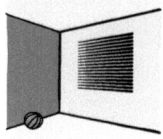

стена

ukuta

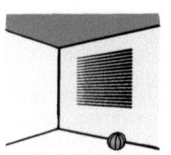

потолок

dari

подвал

pishi

сауна

sauna

балкон

roshani

терраса

mtaro

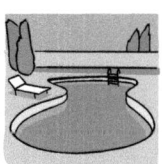

бассейн

kidimbwi

газонокосилка

mashine ya kukata nyasi

пододеяльник

karatasi

покрывало

kitambaa cha kupamba
kitanda

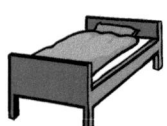

кровать

kitanda

метла

ufagio

ведро

ndoo

выключатель

kubadili

гостиная
sebuleni

обои
mandhari
рисунок
picha
лампа
taa
полка
rafu
шкаф
kabati
телевизор
televisheni/runinga
камин
mekoni
цветок
ua
подушка
mto
диван
sofa
ваза
chombo cha maua
пульт дистанционного управления
kitenzambali

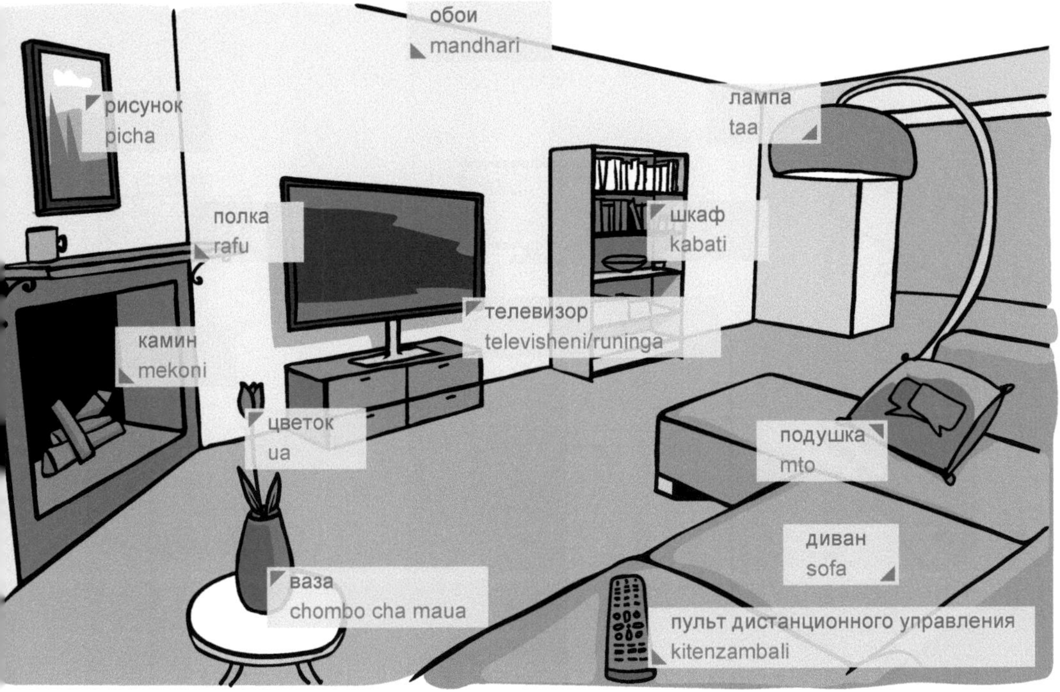

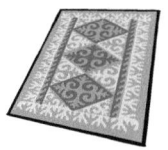

ковёр
zulia

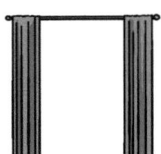

штора
pazia

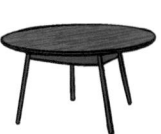

стол
meza

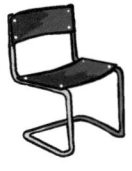

стул
kiti

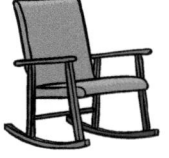

кресло-качалка
kiti cha bembea

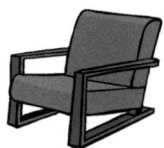

кресло
armchair

книга

kitabu

покрывало

blanketi

украшение

mapambo

дрова

kuni

фильм

filamu

стереосистема

kifaa cha hi-fi

ключ

ufunguo

газета

gazeti

картина

uchoraji

плакат

bango

радио

redio

блокнот

daftari

пылесос

kifyonza

кактус

dungusi kakati

свеча

mshumaa

кухня
jikoni

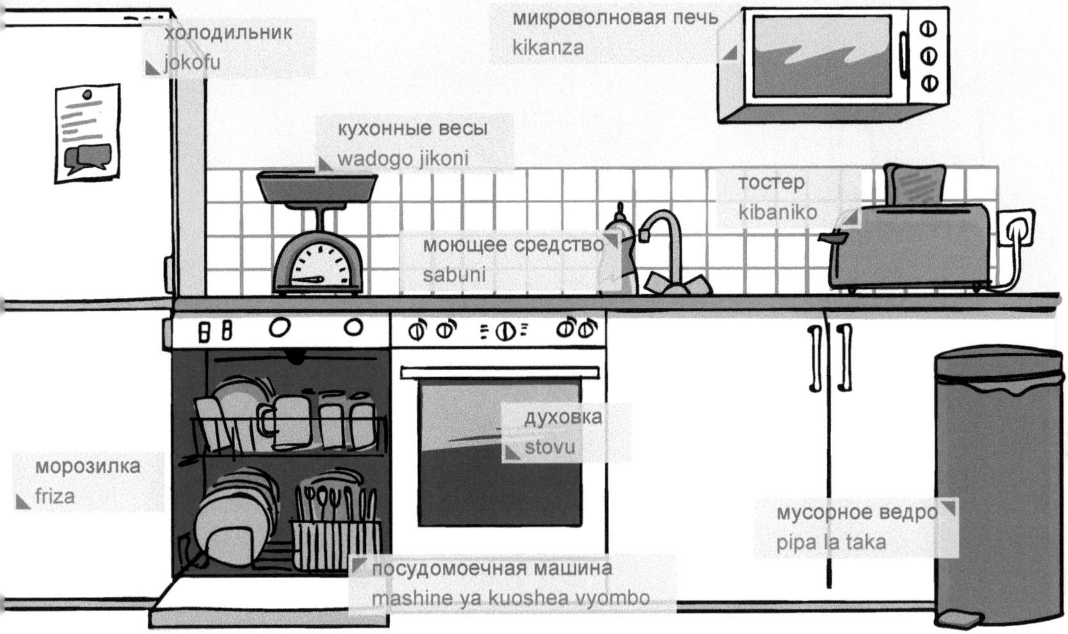
холодильник
jokofu
микроволновая печь
kikanza
кухонные весы
wadogo jikoni
тостер
kibaniko
моющее средство
sabuni
духовка
stovu
морозилка
friza
мусорное ведро
pipa la taka
посудомоечная машина
mashine ya kuoshea vyombo

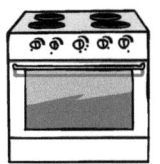

плита
jiko la kupika

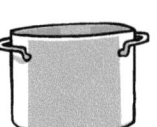

кастрюля
chungu

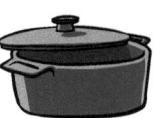

чугунный котелок
sufuria ya chuma

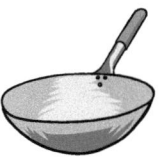

вок / кадай
wok / kadai

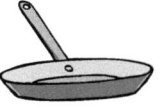

сковорода
kaango

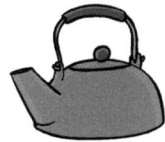

чайник
birika

пароварка

stima

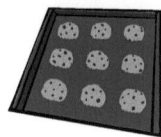

противень

sinia ya kuoka

посуда

vyombo vya udongo

кружка

kombe

миска

bakuli

палочки для еды

vijiti vya kulia

половник

ukawa

лопатка

mwiko mpana

сбивалка

burashi

сито

kichujio

сито

chujio

тёрка

mbuzi

ступка

chokaa

гриль

barbeque

костёр

moto wazi

доска

ubao wa majaribio

скалка

kijiti cha kusukuma unga

штопор

kizibuo

жестяная банка

kopo

консервный нож

inaweza kopo

прихватка

kishikio cha chungu

раковина

karo

щетка

brashi

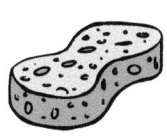

губка

sifongo

миксер

kisagaji matunda

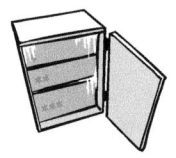

морозильная камера

friji ya kina

бутылочка для кормления

chupa ya mtoto

кран

bomba

ванная комната

bafu

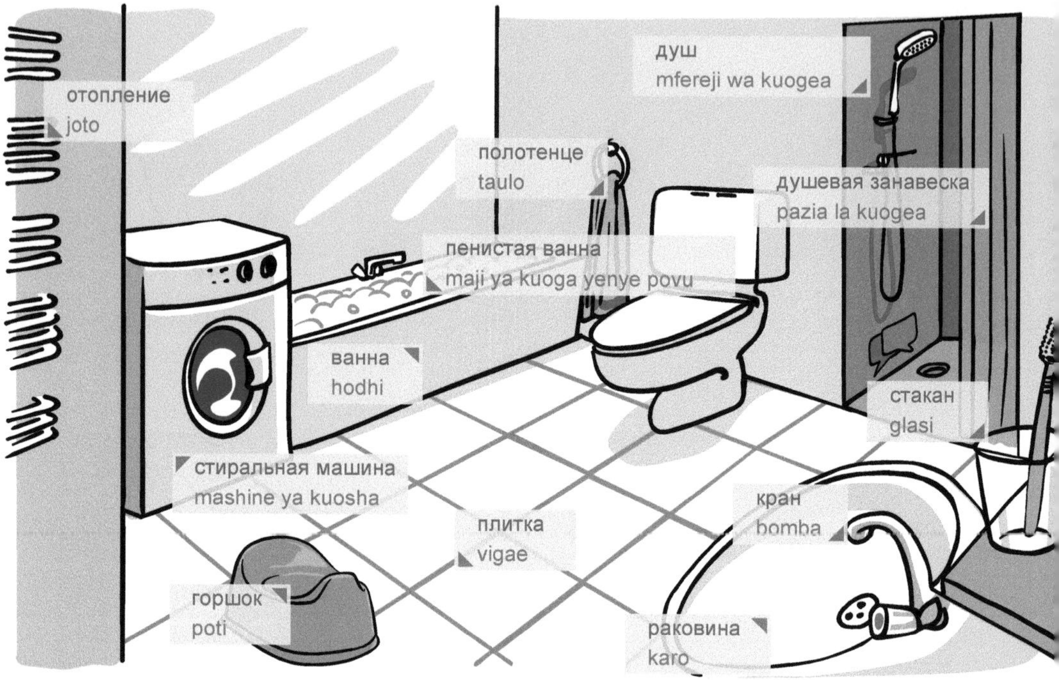

душ
mfereji wa kuogea
отопление
joto
полотенце
taulo
душевая занавеска
pazia la kuogea
пенистая ванна
maji ya kuoga yenye povu
ванна
hodhi
стакан
glasi
стиральная машина
mashine ya kuosha
кран
bomba
плитка
vigae
горшок
poti
раковина
karo

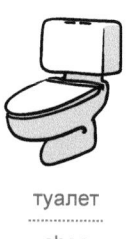

туалет

choo

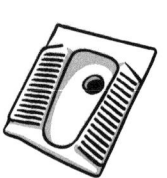

напольный унитаз

choo cha squat

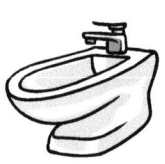

биде

beseni la mviringo

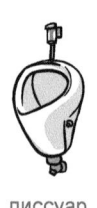

писсуар

choo cha umma

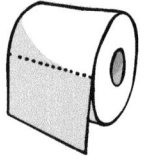

туалетная бумага

shashi

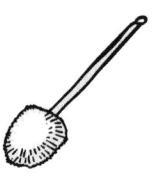

ершик

brashi ya choo

зубная щетка

mswaki

зубная паста

dawa ya meno

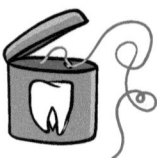

зубная нить

dawa ya meno

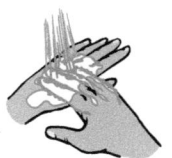

мыть

safisha

ручной душ

kuoga mkono

интимный душ

msukumo wa maji

таз

bonde

щетка для спины

mpako wa pili

мыло

sabuni

гель для душа

jeli ya kuogea

шампунь

shampuu

мочалка

flana

сток

toa maji

крем

krimu

дезодорант

kiondoa harufu

зеркало

kioo

ручное зеркало

kioo mkono

бритва

kinyozi

пена для бритья

povu la kunyoa

лосьон после бритья

baada ya kunyoa

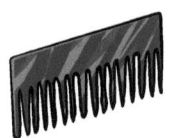

расческа

kichana

щетка

brashi

фен

kikausha nywele

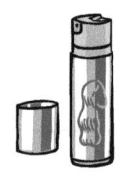

лак для волос

marashi ya nyewele

косметика

vipodozi

губная помада

kidomwa

лак для ногтей

varnish ya msumari

вата

pamba

маникюрные ножницы

mkasi wa kucha

духи

manukato

косметичка

mkoba wa kuosha

табуретка

kinyesi

весы

mizani

халат

nguo ya kuoga

резиновые перчатки

glavu za mpira

тампон

kisodo

гигиеническая прокладка

sodo

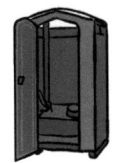

биотуалет

kemikali choo

детская комната
chumba ya mtoto

будильник
saa ya kengele
мягкая игрушка
kidoli cha kupakata
игрушечный автомобиль
gari bandia
погремушка
kelele
кукольный домик
chumba cha midoli
подарок
sasa

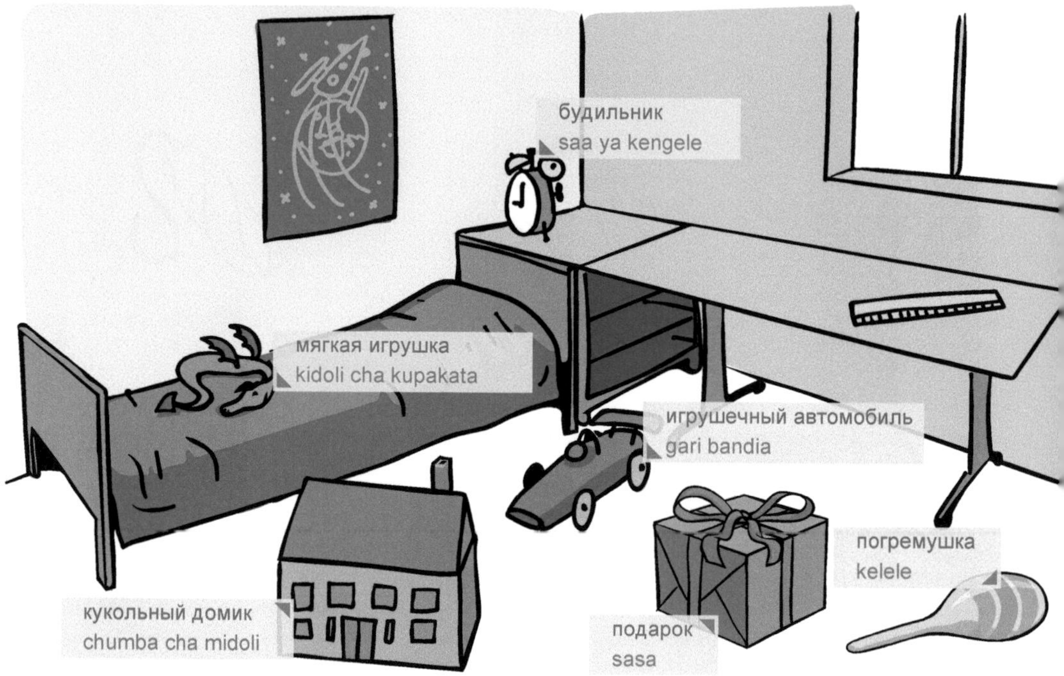

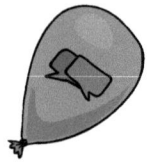

воздушный шар

baluni

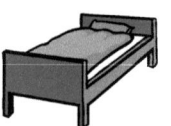

кровать

kitanda

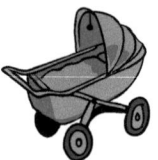

детская коляска

mashua

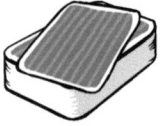

карточная игра

staha ya kadi

пазл

mchezo-fumb

SUPER
MEGA

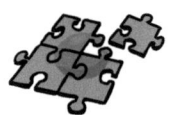

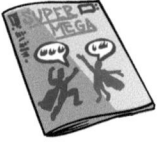

комикс

vichekesho

кирпичики Лего

matofali lego

кубики

vitalu mwigo

игрушечная фигурка

hatua takwimu

ползунки

suti ya kulalia

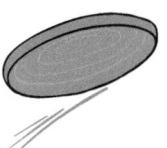

фрисби

kisahani

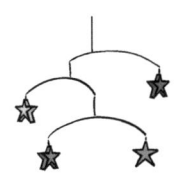

мобиле

simu

настольная игра

ubao wa michezo

кубик

kete

модель железной дороги

garimoshi mwigo

соска

dummy

вечеринка

chama

книга с картинками

picha kitabu

мяч

mpira

кукла

kikaragosi

играть

kucheza

песочница

shimo la mchanga

качели

bembea

игрушка

vitu bandia

игровая приставка

kiweko cha video ya
mchezo

трёхколесный велосипед

baiskeli ya magurudumu

matatu

плюшевый медвежонок

mwanasesere

шкаф для одежды

kabati

носки

soksi

чулки

stokingi

колготки

kibano

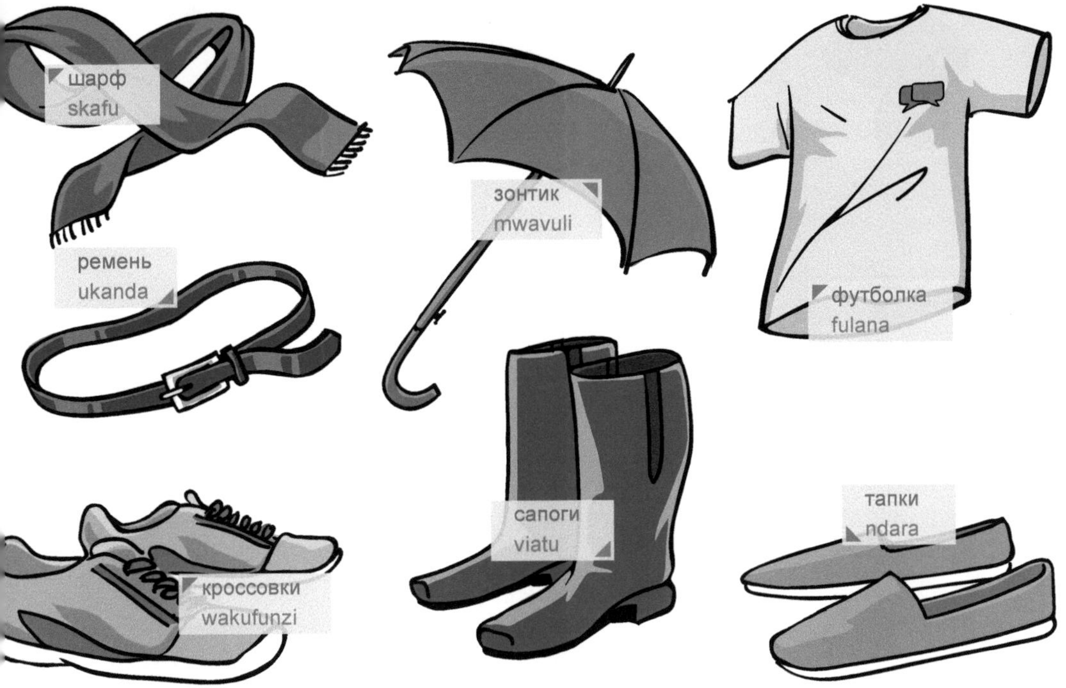

шарф
skafu

ремень
ukanda

зонтик
mwavuli

футболка
fulana

кроссовки
wakufunzi

сапоги
viatu

тапки
ndara

сандалии

malapa

ботинки

viatu

резиновые сапоги

mabuti ya mpira

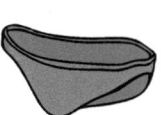

трусы

suruali ya ndani

бюстгальтер

sidiria

майка

fulana

боди

mwili

брюки

suruali

джинсы

dangirizi

юбка

sketi

блузка

blauzi

рубашка

shati

свитер

vuta

свитер

sweta

спортивная куртка

bleza

жакет

jaketi

пальто

koti

плащ

koti la mvua

костюм

maleba

платье

gauni

свадебное платье

mavazi ya harusi

мужской костюм

suti

ночная сорочка

vazi la usiku

пижама

pajama

сари

sari

платок

skafu

тюрбан

kilemba

паранджа

burka

кафтан

kaftan

абайя

abaya

купальник

vazi la kuogelea

плавки

vazi la kiume la kuogelea

шорты

kaptura

спортивный костюм

teitei

фартук

aproni

перчатки

glavu

пуговица

kifungo

очки

glasi

браслет

bangili

цепочка

mkufu

кольцо

pete

серьга

herini

шапка

kofia

вешалка

kiango cha koti

шляпа

kofia

галстук

tai

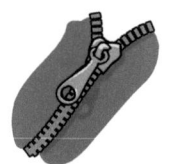

застежка молния

zipu

шлем

kofia

подтяжки

kanda za suruali

школьная форма

sare za shule

форма

sare

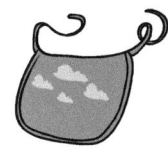

детский нагрудник

bibu

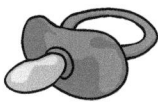

соска

dummy

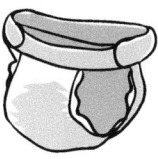

подгузник

nepi

офис
ofisi

сервер
seva
канцелярский шкаф
kabati la kuweka faili
принтер
kichapishaji
бумага
karatasi
монитор
kiwambo
мышь
kipanya
письменный стол
dawati
папка
folda
клавиатура
kibodi
ина для бумаг
u cha kuweka karatasi chafu
стул
kiti
компьютер
kompyuta

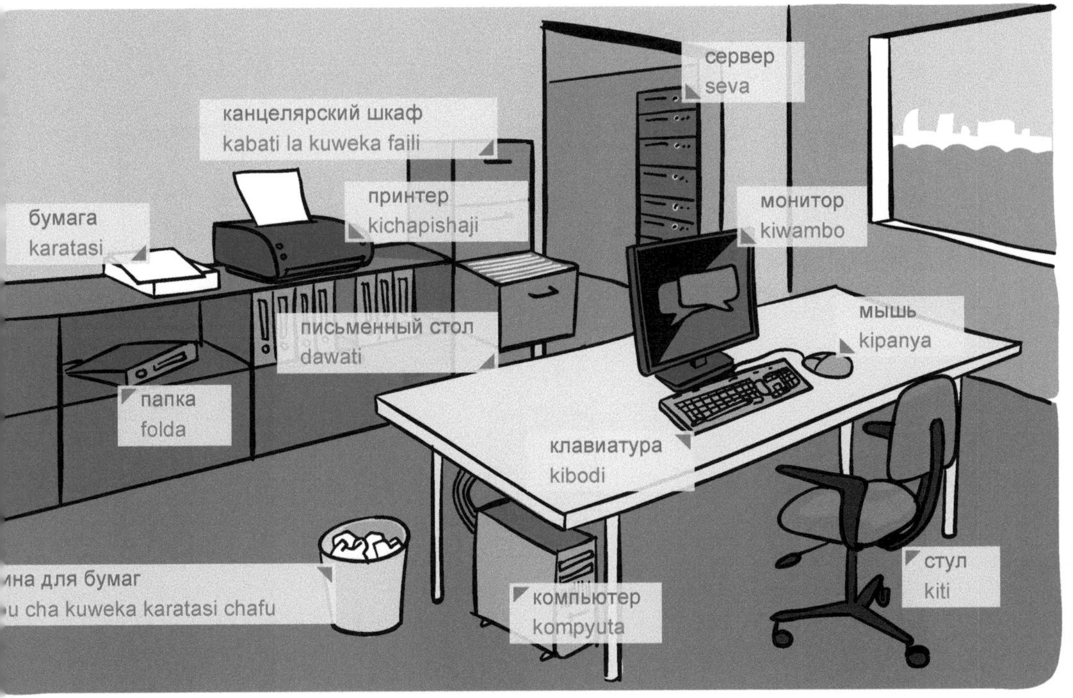

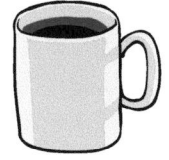

кофейная кружка

kmobe la kahawa

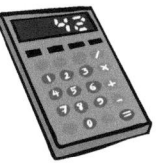

калькулятор

kikokotoo

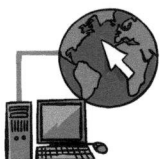

интернет

biashara

ноутбук

mbali

письмо

barua

сообщение

ujumbe

мобильный телефон

rununu

сеть

intaneti

ксерокс

fotokopia

программа

programu

телефон

simu

розетка

soketi

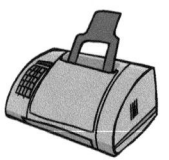

факс

kipepesi

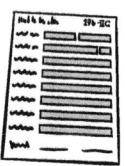

формуляр

fomu

документ

hati

покупать

kununua

платить

kulipa

торговать

biashara

деньги

fedha

доллар

dola

евро

yuro

иена

yeni

рубль

rouble

франк

faranga ya Uswisi

жэньминьби юань

renminbi yuan

рупия

rupia

банкомат

eneo la kulipia

пункт обмена валюты

ofisi ya ubadilishanaji

золото

dhahabu

серебро

fedha

нефть

mafuta

энергия

nishati

цена

bei

договор

mkataba

налог

kodi

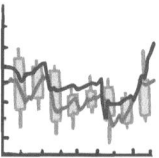

акция

bidhaa

работать

kazi

служащий

mfanyakazi

работодатель

mwajiri

фабрика

kiwanda

магазин

duka

профессии
kazi

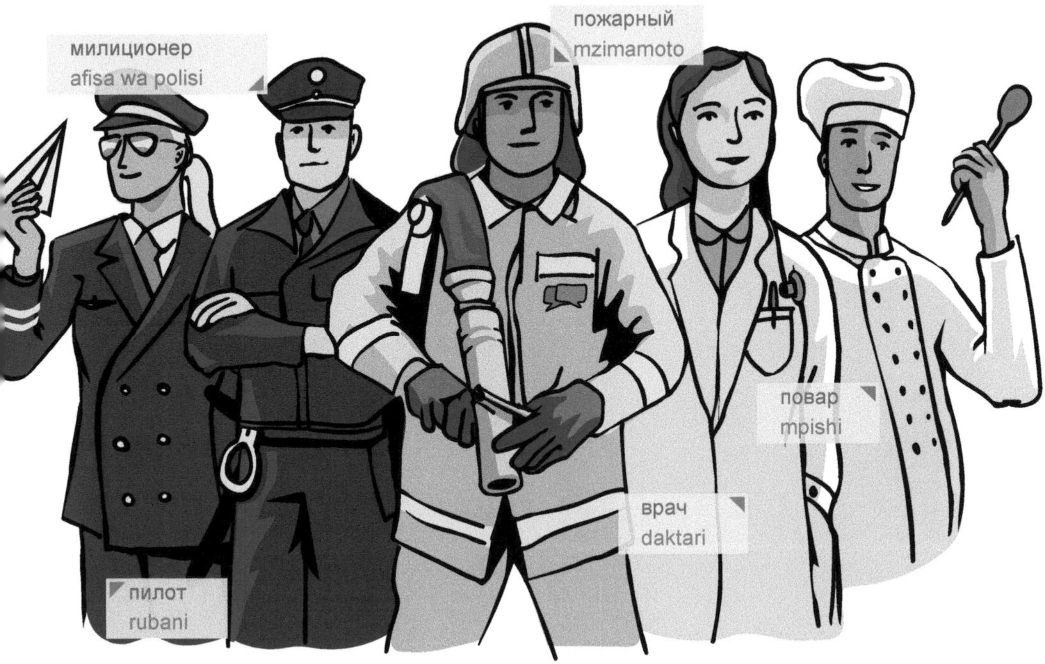
милиционер
afisa wa polisi
пожарный
mzimamoto
повар
mpishi
врач
daktari
пилот
rubani

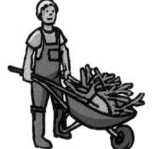

садовник

mtunza bustani

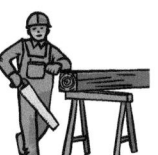

столяр

seremala

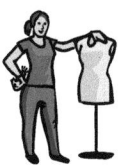

швея

mshonaji

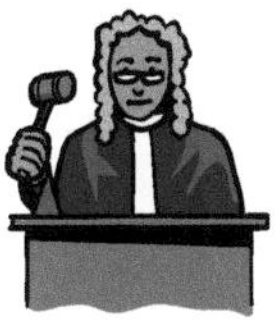

судья

hakimu

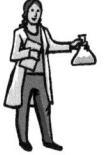

химик

mwanakemia

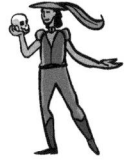

актёр

muigizaji

водитель автобуса

dereva wa basi

таксист

dereva wa teksi

рыбак

mvuvi

уборщица

mwanamke wa kusafisha

кровельщик

mwezekaji

официант

mhudumu

охотник

mwindaji

художник

mchoraji

пекарь

mwokaji

электрик

umeme

строитель

mjenzi

инженер

mhandisi

мясник

mchinjaji

сантехник

fundi bomba

почтальон

mwanaposta

солдат

mwanajeshi

архитектор

msanifu majengo

кассир

keshia

флорист

muuza maua

парикмахер

msusi

кондуктор

kondakta

механик

mekanika

капитан

nahodha

зубной врач

daktari wa meno

ученый

mwanasayansi

раввин

rabbi

имам

imamu

монах

mtawa

священник

kasisi

инструменты

zana

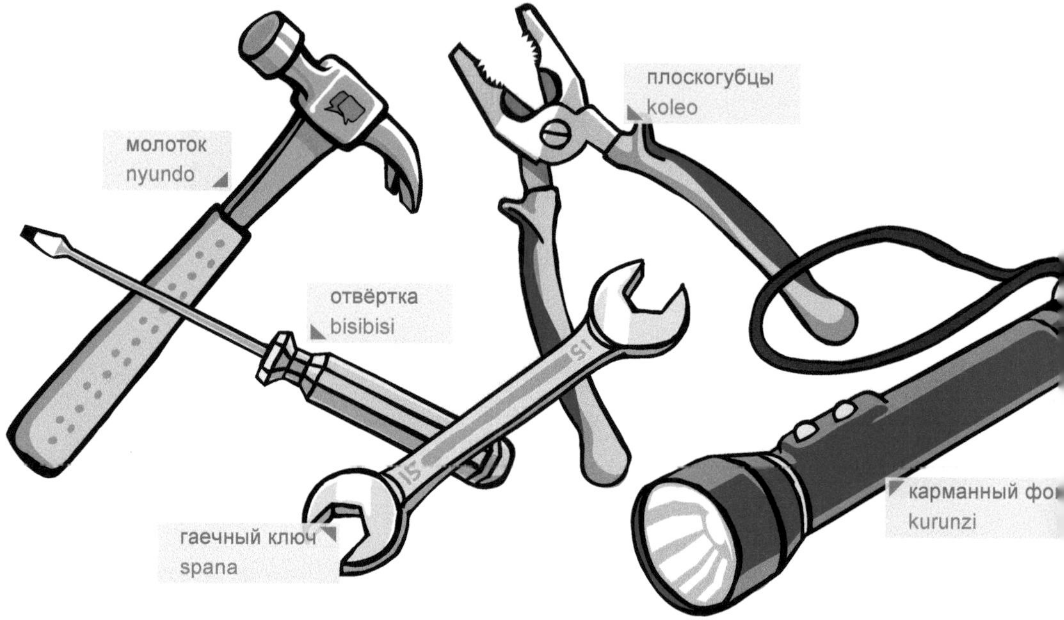
молоток
nyundo
плоскогубцы
koleo
отвёртка
bisibisi
гаечный ключ
spana
карманный фо
kurunzi

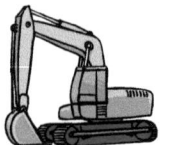

экскаватор

mchimbaji

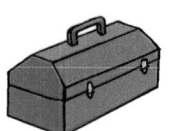

ящик для инструментов

sanduku la vifaa

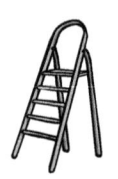

стремянка

ngazi

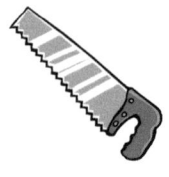

пила

msumeno

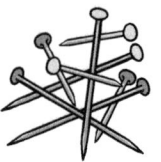

гвозди

misumari

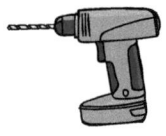

дрель

kuchimba visima

ремонтировать

kukarabati

лопата

sepetu

Блин!

Lo!

совок

kishikio cha uchafu

ведро с краской

chungu cha rangi

винты

skurubu

музыкальные инструменты
ala za muziki

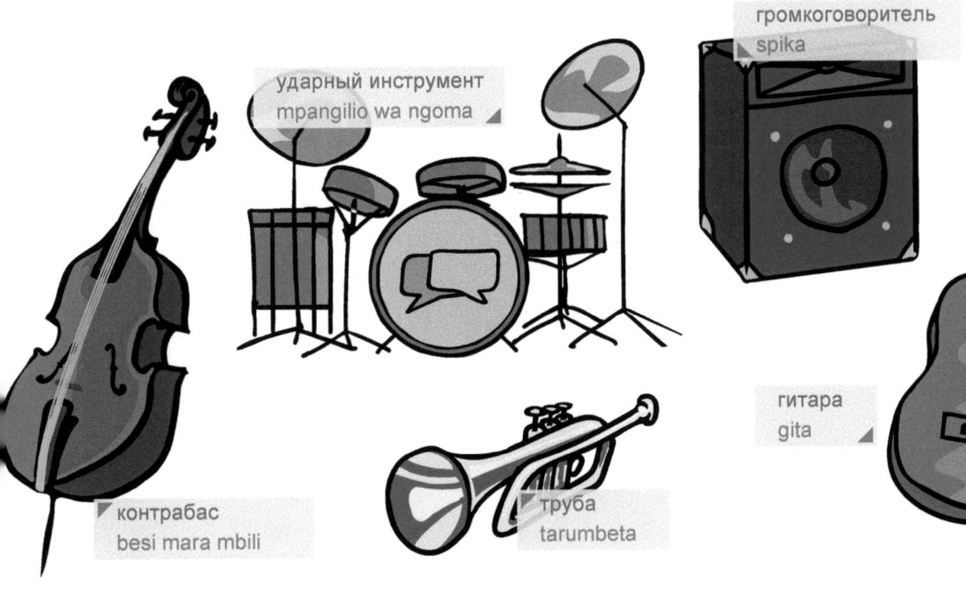

громкоговоритель
spika

ударный инструмент
mpangilio wa ngoma

гитара
gita

контрабас
besi mara mbili

труба
tarumbeta

пианино

piano

скрипка

fidla

бас-гитара

ubeji

литавры

timpani

барабан

ngoma

синтезатор

kibodi

саксофон

saksafoni

флейта

filimbi

микрофон

maikrofoni

зоопарк

bustani ya wanyama

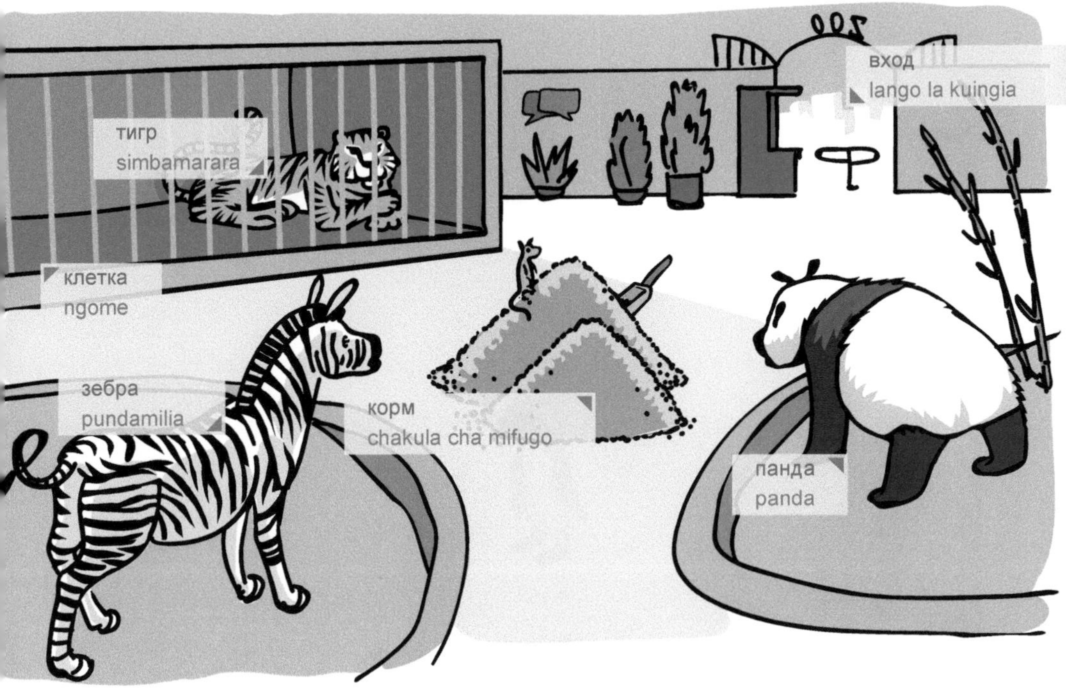

ZOO
вход
lango la kuingia
тигр
simbamarara
клетка
ngome
зебра
pundamilia
корм
chakula cha mifugo
панда
panda

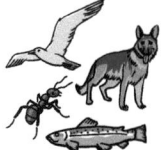

животные

wanyama

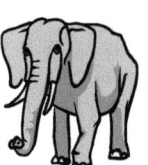

слон

tembo

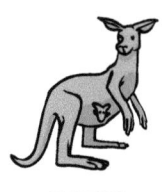

кенгуру

kangaruu

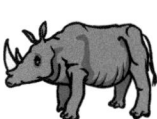

носорог

kifaru

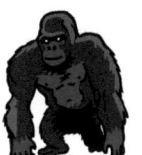

горилла

sokwe

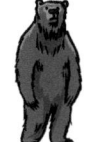

медведь

dubu

верблюд

ngamia

страус

mbuni

лев

simba

обезьяна

tumbili

фламинго

heroe

попугай

kasuku

белый медведь

dubu

пингвин

penguini

акула

papa

павлин

tausi

змея

nyoka

крокодил

mamba

служитель зоопарка

mtunza wanyama

тюлень

muhuri

ягуар

jaguar

пони

mwanafarasi

леопард

chui

бегемот

kiboko

жираф

twiga

орёл

tai

кабан

nguruwe mwitu

рыба

samaki

черепаха

kobe

морж

sili

лиса

mbweha

газель

paa

американский футбол
soka ya marekani

езда на велосипеде
uendeshaji baiskeli

теннис
tenisi

баскетбол
mpira wa kikapu

плавание
kuogelea

бокс
ndondi

хоккей
magongo ya barafuni

футбол
soka

бадминтон
vinyoya

лёгкая атлетика
riadha

гандбол
mpira wa mikono

лыжный спорт
skii

поло
polo

прыгать
kuruka

обнимать
kumbatia

смеяться
cheka

идти
kutembea

петь
kuimba

мечтать
ota ndoto

молиться
kuomba

целовать
busu

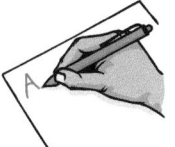

писать

kuandika

рисовать

kuteka

показывать

angalia

нажимать

sukuma

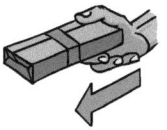

давать

kutoa

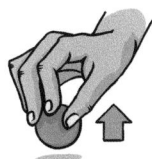

брать

kuchukua

иметь

kuwa

делать

fanya

быть

kuwa

стоять

kusimama

бежать

kukimbia

тянуть

vuta

бросать

kutupa

падать

kuanguka

лежать

hadaa

ждать

kusubiri

носить

kubeba

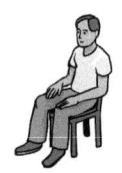

сидеть

kukaa

надевать

vaa nguo

спать

usingizi

просыпаться

kuamka

рассматривать

kuangalia

плакать

lia

гладить

kiharusi

причесывать

chana nywele

говорить

ongea

понимать

kuelewa

спрашивать

kuuliza

слушать

kusikiliza

пить

kunywa

кушать

kula

наводить порядок

nadhifisha

любить

upendo

готовить

mpishi

ехать

gari

летать

kuruka

ходить под парусом

meli

считать

kokotoa

читать

kusoma

учиться

kujifunza

работать

kazi

вступать в брак

kuoa

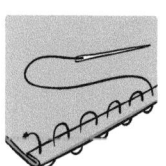

шить

kushona

чистить зубы

piga mswaki

убивать

kuua

курить

moshi

отправлять

kutuma

семья
familia

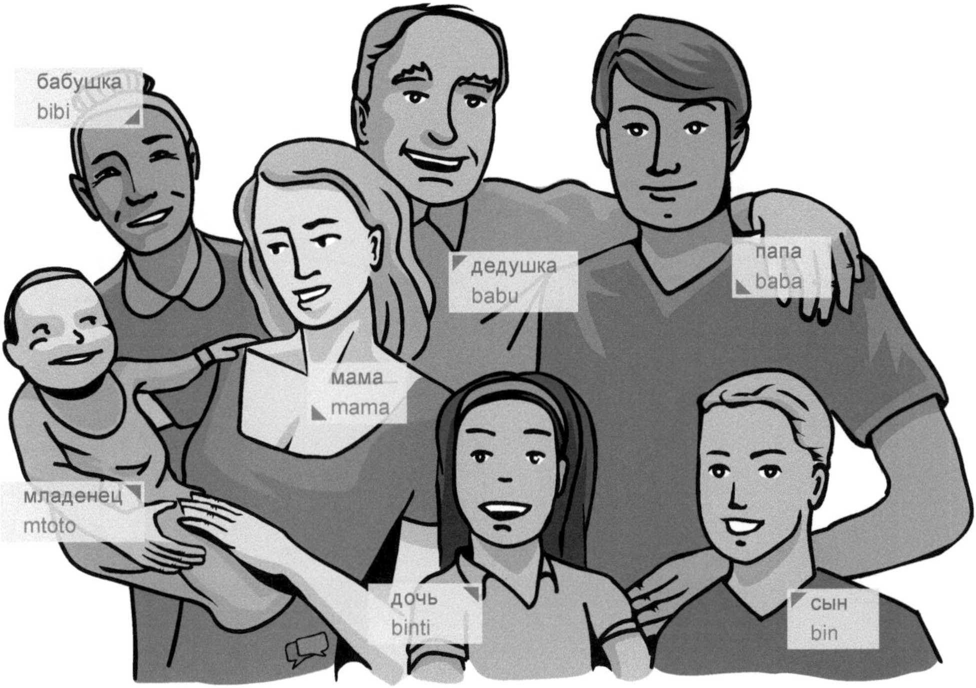
бабушка
bibi
дедушка
babu
папа
baba
мама
mama
младенец
mtoto
дочь
binti
сын
bin

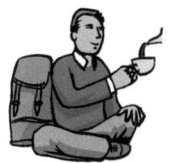

гость
mgeni

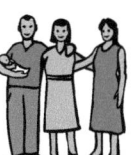

тетя
shangazi

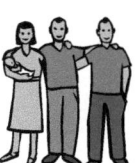

дядя
mjomba

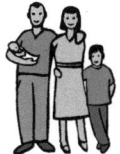

брат
kaka

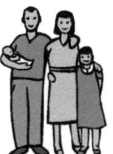

сестра
dada

тело

mwili

лоб
paji la uso
глаз
jicho
плечо
bega
палец
kidole
лицо
uso
подбородок
kidevu
кисть
mkono
грудь
matiti
нога
mguu
рука
mkono

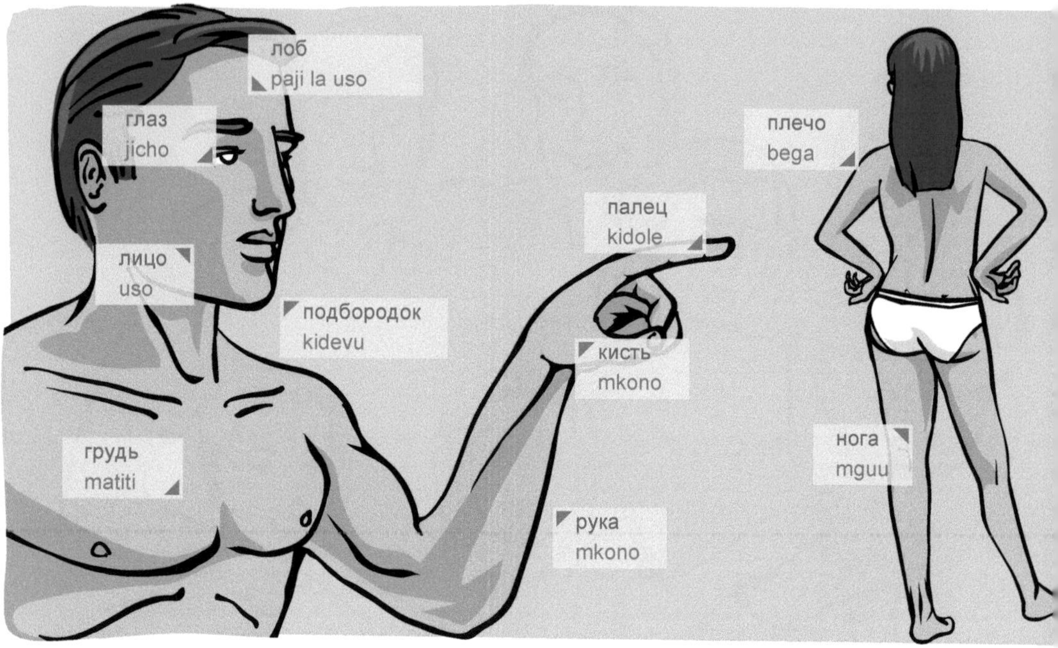

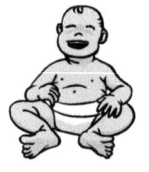

младенец

mtoto

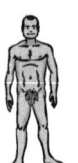

мужчина

mwanamume

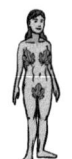

женщина

mwanamke

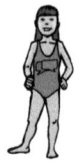

девочка

msichana

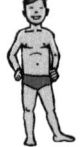

мальчик

mvulana

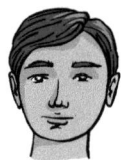

голова

kichwa

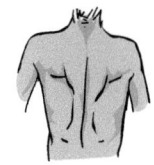

спина

nyuma

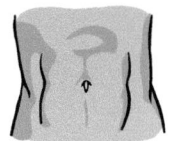

живот

tumbo

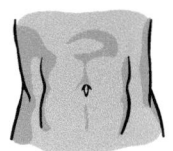

пупок

kitovu

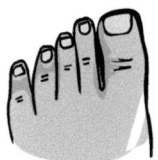

палец ноги

chano

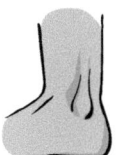

пятка

kisigino

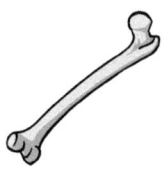

кость

mfupa

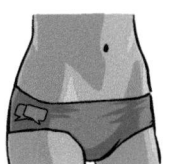

бедро

nyonga

колено

goti

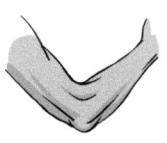

локоть

kiwiko

нос

pua

ягодицы

chini

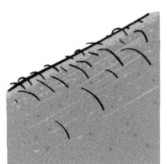

кожа

ngozi

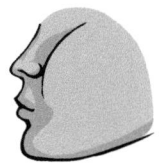

щека

shavu

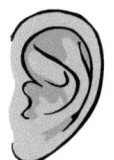

ухо

sikio

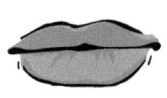

губа

mdomo

тело - mwili

рот

kinywa

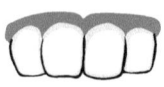

зуб

jino

язык

ulimi

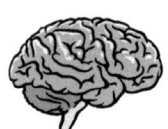

мозг

ubongo

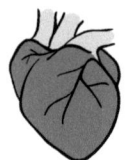

сердце

moyo

мышца

misuli

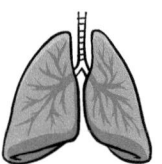

лёгкое

pafu

печень

ini

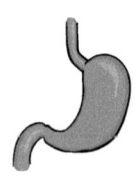

желудок

tumbo

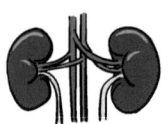

почки

figo

половой акт

jinsia

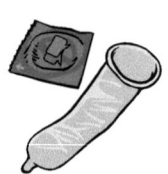

презерватив

kondomu

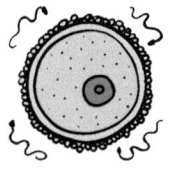

яйцеклетка

ovari

сперма

shahawa

беременность

mimba

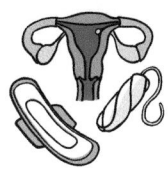

менструация
....
hedhi

вагина
....
uke

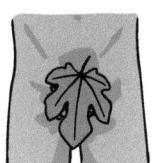

пенис
....
uume

бровь
....
unyusi

волосы
....
nywele

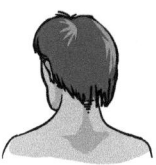

шея
....
shingo

больница
hospitali

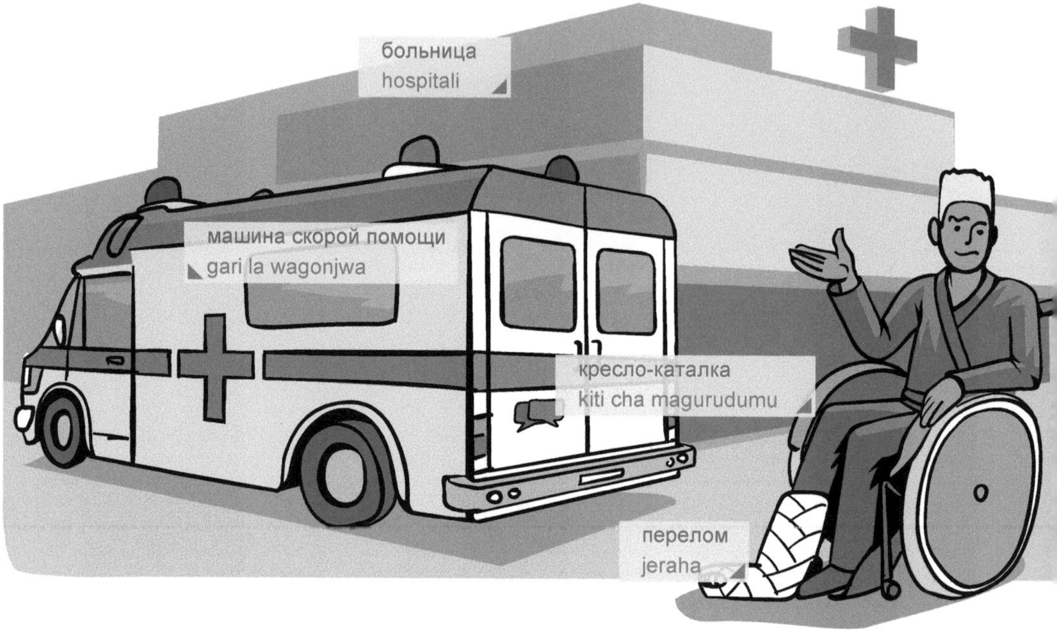
больница
hospitali
машина скорой помощи
gari la wagonjwa
кресло-каталка
kiti cha magurudumu
перелом
jeraha

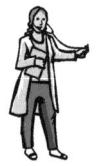

врач

daktari

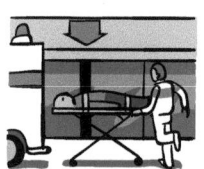

пункт первой помощи

chumba cha dharura

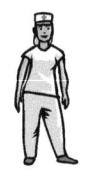

медсестра

muuguzi

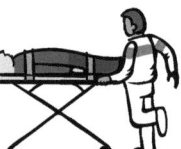

неотложный случай

dharura

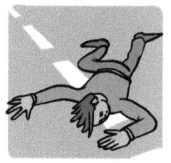

без сознания

kupoteza fahamu

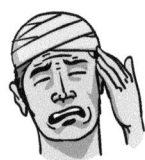

боль

maumivu

повреждение

kuumia

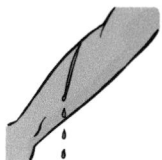

кровотечение

kutokwa na damu

инфаркт

mshtuko wa moyo

инсульт

kiharusi

аллергия

mzio

кашель

kikohozi

повышенная температура

homa

грипп

mafua

понос

kuharisha

головная боль

maumivu ya kichwa

рак

kansa

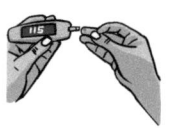

диабет

ugonjwa wa kisukari

хирург

daktari mpasuaji

скальпель

kisu kidogo cha kupasulia

операция

operesheni

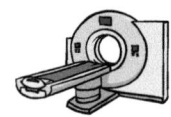

КТ

picha changanufu ya mwili

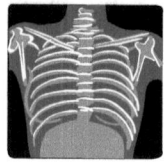

рентген

Eksrei

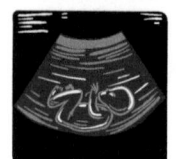

ультразвук

mawimbi sauti

маска

barakoa ya uso

болезнь

ugonjwa

приёмная

chumba cha kusubiri

костыль

mkongojo

пластырь

plasta

бинт

bendeji

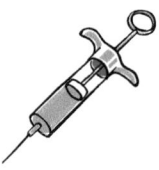

укол

sindano

стетоскоп

stetoskopu

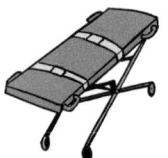

носилки

machela

термометр

kipimajoto cha kliniki

рождение

kuzaliwa

избыточный вес

unene kupita kiasi

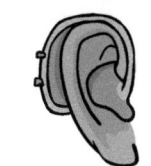

слуховой аппарат

kusikia misaada

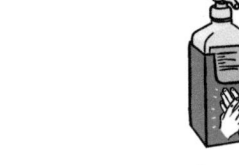

дезинфекционное средство

kipukusi

инфекция

maambukizi

вирус

virusi

ВИЧ / СПИД

VVU / UKIMWI

лекарство

dawa

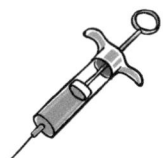

прививка

chanjo

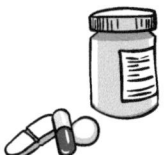

таблетки

vidonge

противозачаточная таблетка

kidonge

экстренный вызов

simu ya dharura

прибор для измерения кровяного давления

haemodainamometa

больной / здоровый

mgonjwa / mwenye afya

сигнал тревоги

kengele

нападение

pigo

Помогите!

Msaada!

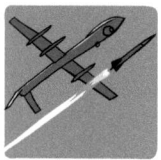

атака

shambulizi

опасность

hatari

запасной выход

lango la dharura

Пожар!

Moto!

огнетушитель

kizima moto

несчастный случай

ajali

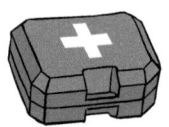

аптечка

vifaa vya huduma ya kwanza

SOS

wito wa msaada

милиция

polisi

Европа

Ulaya

Северная Америка

Amerika ya Kaskazini

Южная Америка

Amerika ya Kusini

Африка

Afrika

Азия

Asia

Австралия

Australia

Атлантический океан

Atlantiki

Тихий океан

Pasifiki

Индийский океан

Bahari ya Hindi

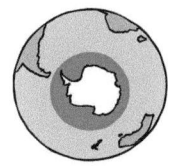

Антарктический океан

Bahari ya Antaktiki

Северный Ледовитый океан

Bahari ya Aktiki

Северный полюс

Ncha ya Kaskazini

Южный полюс

Ncha ya Kusini

Антарктика

Antaktika

земля

dunia

суша

nchi

море

bahari

остров

kisiwa

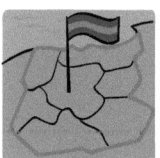

нация

taifa

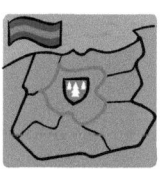

государство

jimbo

циферблат

uso wa saa

часовая стрелка

akrabu ya saa

минутная стрелка

akrabu ya dakika

секундная стрелка

akrabu ya sekunde

Который час?

Ni saa ngapi?

день

siku

время

wakati

сейчас

sasa

электронные часы

saa ya dijitali

минута

dakika

час

saa

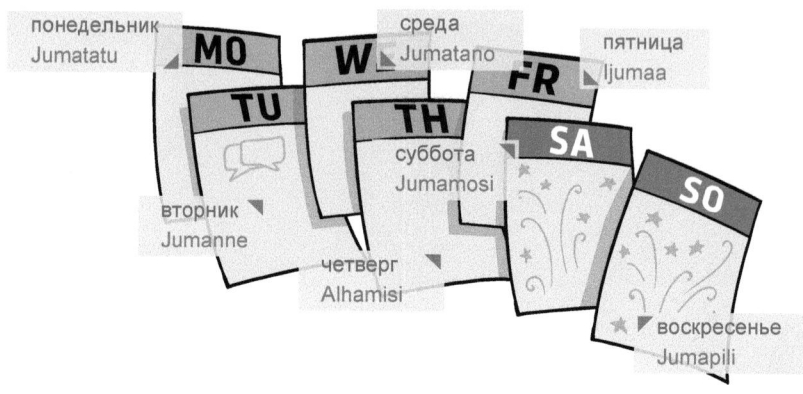

понедельник
Jumatatu

MO

среда
Jumatano

W

пятница
Ijumaa

FR

TU

TH

SA

SO

суббота
Jumamosi

вторник
Jumanne

четверг
Alhamisi

воскресенье
Jumapili

вчера

jana

сегодня

leo

завтра

kesho

утро

asubuhi

полдень

saa sita mchana

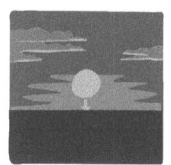

вечер

jioni

MO	TU	WE	TH	FR	SA	SU
1	2	3	4	5	6	7
8	9	10	11	12	13	14
15	16	17	18	19	20	21
22	23	24	25	26	27	28
29	30	31	1	2	3	4

рабочие дни

siku za biashara

MO	TU	WE	TH	FR	SA	SU
1	2	3	4	5	6	7
8	9	10	11	12	13	14
15	16	17	18	19	20	21
22	23	24	25	26	27	28
29	30	31	1	2	3	4

выходные

mwishoni mwa wiki

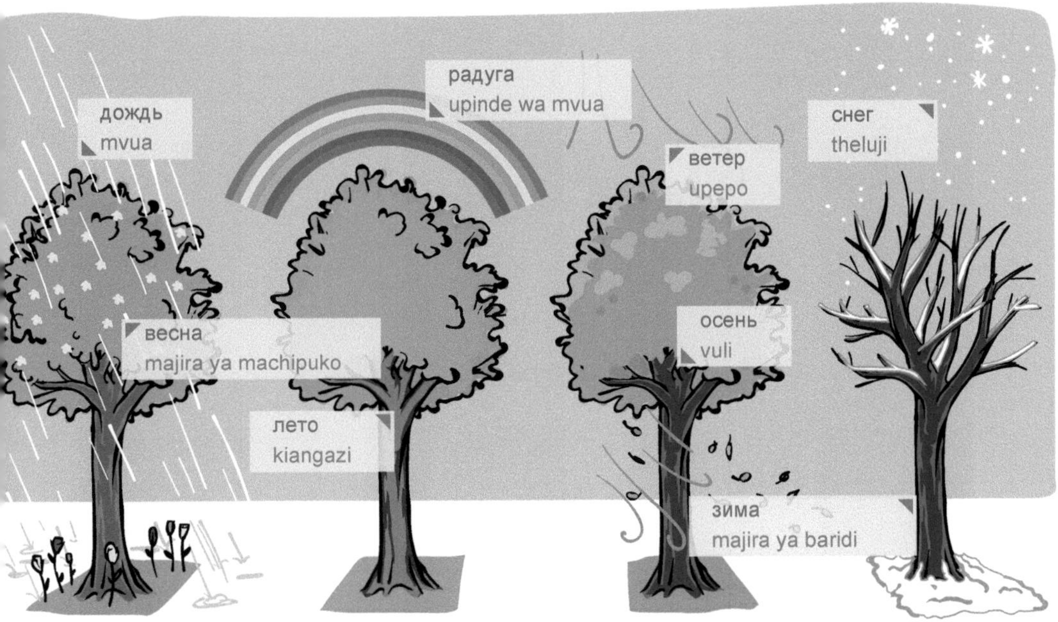

дождь
► mvua

радуга
► upinde wa mvua

снег
theluji

ветер
upepo

весна
majira ya machipuko

осень
► vuli

лето
kiangazi

зима
majira ya baridi

прогноз погоды
....
utabiri wa hali ya hewa

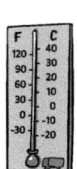

термометр
....
kipimajoto

солнечный свет
....
mwanga wa jua

туча
....
wingu

туман
....
ukungu

влажность воздуха
....
unyevu

молния

umeme

гром

radi

буря

dhoruba

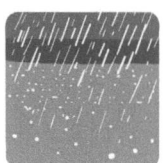

град

mvua ya mawe

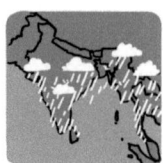

муссон

monsuni

наводнение

mafuriko

лёд

barafu

январь

Januari

февраль

Februari

март

Machi

апрель

Aprili

май

Mei

июнь

Juni

июль

Julai

август

Agosti

год - mwaka

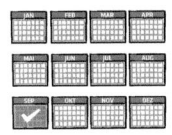

сентябрь
....
Septemba

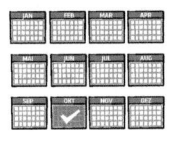

октябрь
....
Oktoba

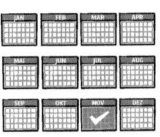

ноябрь
....
Novemba

декабрь
....
Desemba

формы
maumbo

круг
....
mduara

квадрат
....
mraba

прямоугольник
....
mstatili

треугольник
....
pembetatu

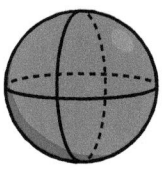

шар
....
nyanja

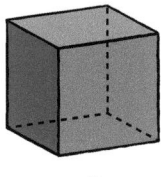

куб
....
mchemraba

цвета

rangi

белый

nyeupe

желтый

manjano

оранжевый

chungwa

розовый

rangi ya waridi

красный

nyekundu

лиловый

hudhurungi

синий

bluu

зелёный

kijani

коричневый

hanja

серый

jivujivu

черный

nyeusi

84

много / мало

mengi / kidogo

яростный / мирный

hasira / pole

красивый / уродливый

nzuri / mbaya

начало / конец

mwanzo / mwisho

большой / маленький

kubwa / ndogo

светлый / темный

angavu / giza

брат / сестра

kaka / dada

чистый / грязный

safi / chafu

полный / неполный

kamilika / tokamilika

день / ночь

siku / usiku

мёртвый / живой

wafu / hai

широкий / узкий

pana / nyembamba

съедобный / несъедобный

kulika / kutolika

злой / дружелюбный

ovu / ema

взволнованный / скучающий

sisimkwa / udhika

толстый / худой

nene / nyembamba

сначала / в конце

kwanza / mwisho

друг / враг

rafiki / adui

полный / пустой

jaa / tupu

твёрдый / мягкий

ngumu / laini

тяжёлый / легкий

nzito / nyepesi

голод / жажда

njaa / kiu

больной / здоровый

mgonjwa / mwenye afya

незаконный / законный

haramu / kisheria

умный / глупый

akili / kijinga

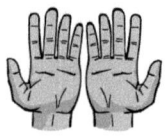

слева / справа

kushoto / kulia

близко / далеко

karibu / mbali

новый / подержанный

mpya / kutumika

ничто / нечто

kitu / jambo

старый / молодой

zee / changa

включено / выключено

waka / zima

открыто / закрыто

wazi / fungwa

тихо / громко

utulivu / kelele

богатый / бедный

tajiri / masikini

правильный /
неправильный
sahihi / kosa

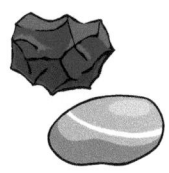

шероховатый / гладкий

mbaya / laini

печальный / счастливый

huzunika / furahia

короткий / длинный

fupi /ndefu

медленный / быстрый

polepole / haraka

мокрый / сухой

nyevu / kavu

тёплый / прохладный

joto / baridi

война / мир

vita / amani

0

ноль

sufuri

1

один

moja

2

два

mbili

3

три

tatu

4

четыре

nne

5

пять

tano

6

шесть

sita

7

семь

saba

8

восемь

nane

9

девять

tisa

10

десять

kumi

11

одиннадцать

kumi na moja

12
двенадцать

kumi na mbili

13
тринадцать

kumi na tatu

14
четырнадцать

kumi na nne

15
пятнадцать

kumi na tano

16
шестнадцать

kumi na sita

17
семнадцать

kumi na saba

18
восемнадцать

kumi na nane

19
девятнадцать

kumi na tisa

20
двадцать

ishirini

100
сто

mia

1.000
тысяча

elfu

1.000.000
миллион

milioni

английский

Kiingereza

американский английский

Kiingereza cha Marekani

мандаринский китайский

Kimandarini cha Uchina

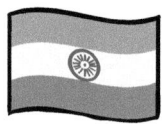

хинди

Kihindi

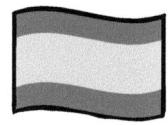

испанский

Kihispania

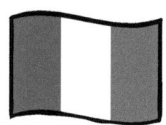

французский

Kifaransa

арабский

Kiarabu

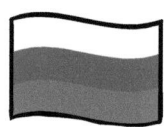

русский

Kirusi

португальский

Kireno

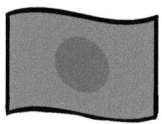

бенгальский

Kibengali

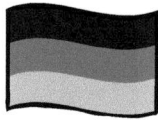

немецкий

Kijerumani

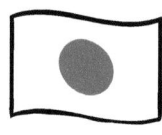

японский

Kijapani

я

mimi

ты

wewe

он / она / оно

yeye / yeye / ni

мы

sisi

вы

wewe

они

wao

кто?

nani?

что?

nini?

как?

jinsi gani?

где?

wapi?

когда?

lini?

имя

jina

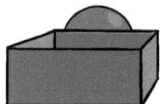

за

nyuma

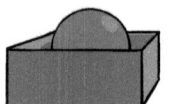

в

katika

перед

mbele ya

над

juu ya

на

kwenye

под

chini ya

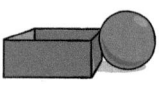

рядом

kando

между

kati

место

mahali